믿음의 기초를 새롭게 하라

국제제자훈련원은 건강한 교회를 꿈꾸는 목회의 동반자로서 제자 삼는 사역을 중심으로
성경적 목회 모델을 제시함으로 세계 교회를 섬기는 전문 사역 기관입니다.

청소년 제자훈련 · 중등부

믿음의 기초를 새롭게 하라 (학생용)

초판 1쇄 발행 2008년 12월 17일
초판 72쇄 발행 2023년 7월 7일

지은이 사랑의교회 청소년 주일학교

펴낸이 오정현
펴낸곳 국제제자훈련원
등록번호 제2013-000170호(2013년 9월 25일)
주소 서울시 서초구 효령로68길 98(서초동)
전화 02)3489-4300 **팩스** 02)3489-4329
이메일 dmipress@sarang.org

ISBN 978-89-5731-307-7 03230

믿음의 기초를 새롭게 하라

국제제자훈련원

"예수께서 나아와 말씀하여 이르시되 하늘과 땅의 모든 권세를 내게 주셨으니 그러므로 너희는 가서 모든 민족을 제자로 삼아 아버지와 아들과 성령의 이름으로 세례를 베풀고 내가 너희에게 분부한 모든 것을 가르쳐 지키게 하라 볼지어다 내가 세상 끝날까지 너희와 항상 함께 있으리라 하시니라" ··· 마태복음 28:18-20

이 말씀은 갈릴리에서 예수님께서 승천하시는 모습을 직접 목격한 열한 제자에게 주어진 명령이지만, 오늘날 교회의 모든 성도들에게 주신 명령이기도 하다. 성도는 남녀노소 구분 없이 예수 그리스도를 마음으로 믿고, 입으로 시인하는 모든 사람들을 말한다. 그렇기에 예수님이 유언처럼 남기신 가장 큰 명령인 대사명大使命 앞에서 성도라면 어느 누구도 예외일 수 없다. 이 대사명을 온전히 받들어 삶의 모든 영역에서 온몸으로 실현해야 하는 것이다. 하지만 오늘날 기독 청소년들은 사도들이 주님으로부터 직접 받은 대사명을 자신들도 계승해야 한다는 것을 모르고 있는 것 같다. 마치 이 대사명이 특정한 사람들의 전유물인 것처럼 여긴다. 교회 자체가 사도들이 받은 사명을 계승하고 있는데, 교회의 중요한 지체인 청소년들이 어찌 그 사명에서 자유로울 수 있는가? 이 사명에서 예외인 성도는 아무도 없다. 성도라면 누구나 이 사명을 위해 헌신할 각오가 되어 있어야 한다.

그렇다면 대사명에서 첫 번째로 말씀하고 있는 "제자로 삼는 것"은 어떻게 가능할까? 모든 민족을 제자로 삼기 위해서는 우선 자신이 제자로 만들어져야 한다. 이것이 되어야 그 이후의 말씀들도 실천할 수 있다. 예수님의 제자가 된 사람만이 먼저 제자로 삼는 사명을 감당할 수 있다. 물론, 이제 갓 믿고 예수님 앞으로 돌아온 초신자도 제자요, 모태신앙으로 어릴 때부터 예수님을 믿고 교회에 오래 다닌 사람도 제자요, 열심히 배우면서 성숙한 믿음을 갖기 위해 애쓰는 사람도 제자임에는 틀림이 없다. 하지만 영적인 수준에서 보면 이런 제자 간에는 큰 차이가 있는 것이 사실이다. 말씀의 훈련이 되어 있지 않은 사람보다 배우고 지키는 훈련을 받은 사람이 제자의 삶에서 훨씬 앞서 있다는 것이다. 그러므로 예수님을 자신의 주님으로 고백한 사람은 제자가 되기 위해 훈련을 받는 것이 아니고, 제자이기 때문에 훈련을 받는 것이다.

제자이기 때문에 훈련을 받아 주님의 인격을 전적으로 따르는 자가 되어야 한다. 주님의 인격을 전적으로 신뢰하고 따르기 위해서는 모든 것을 내버리는 자기 포기가 있어야 한다. 포기를 못하는 사람은 따라가지 못한다. 자기를 부인하고 십자가를 지고 예수님을 따라야 한다^{막 8:34}. 이것은 저절로 되지 않는다. 많은 진통과 뜨거운 눈물이 필요하다. 비록 더딜지라도 이러한 변화가 일어나는 자리에 한 차원 높은 제자로 거듭나는 일이 펼쳐질 수 있다.

두 번째로 복음의 증인이 되어야 한다. 예수님은 세상에서 자기를 증거할 사람들을 부르셨다. 그래서 증거 또는 증인이라는 말이 제자로 부르셨다는 말과 같은 의미로 자주 사용된다. 예수님의 십자가와 부활을 직접 목격한 사도들이 그 사실을 직접 전한 것처럼, 증인은 사도들의 증거를 듣고 믿게 된 그것을 다른 사람 앞에서 고백하는 사람이다. 스데반은 사도들처럼 직접 예수님의 십자가와 부활을 목격한 것은 아니었지만 증인으로 부르심을 받았다. 진정한 제자는 훈련을 받아 복음의 증인이 되어야 합니다.

마지막으로 섬기는 종이 되어야 한다. 종이라는 말은 낮은 신분을 나타내는 것으로, 제자가 된 사람이 그리스도 안에서 어떤 사람이 되어야 하는가를 말해 주고 있다. 제자에게 종의 직분은 예수님이 보여 주신 모범이므로 결코 피할 수 없는 것이다. 예수님은 종의 몸을 입고 세상에 오셨다. 예수님의 생애는 이 세상을 사랑하여 자기를 아끼지 아니하고 희생하는 헌신의 과정이었다. 제자는 이런 예수님의 모습을 꼭 닮은 사람이다.

이렇듯 세 가지의 요소가 삶의 영역 속에서 분명히 드러날 때 진정한 제자라고 할 수 있을 것이다. 그리고 이러한 제자가 또 다른 사람, 또 다른 민족을 제자로 삼을 수 있다.

청소년들은 청, 장년에 비해 아직은 어리고, 작고 약하다. 하지만 청소년 시절에 예수님을 믿고 신앙생활을 하게 한 것에는 주님의 분명한 뜻이 있다. 비록 약하지만 예수님처럼 걷고, 말하고, 생각하며 평생을 온전히 예수님의 제자로 살아가게 하기 위함이다. 제자훈련을 통해 그러한 영광스러운 삶의 첫 출발을 하길 바란다. 하나님께서 당신을 통해 이루실 큰 일을 기대한다.

> 그 작은 자가 천 명을 이루겠고 그 약한 자가 강국을 이룰 것이라 때가
> 되면 나 여호와가 속히 이루리라 · · · 이사야 60:22

편집위원

믿음의 기초를 새롭게 하라

믿음의 기초를 새롭게 하라

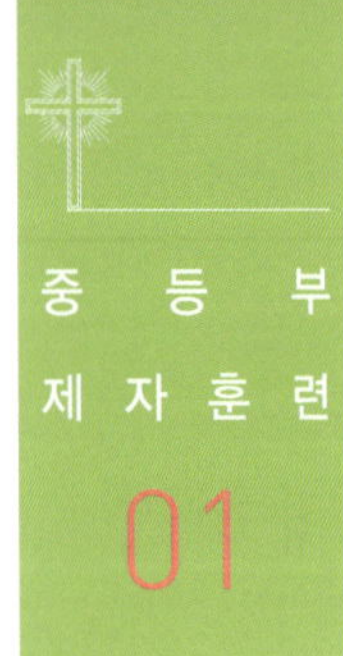

나는 구원받았나요? • • •

"당신은 구원받았나요?"

"음~받은 것 같기도 하고 아닌 것 같기도 하고… 잘모르겠어요!"

많은 중학생들에게 구원에 관해서 물어보면 10명 중 7~8명은 이렇게 대답한다. 구원의 확신은커녕 십자가의 능력에 대한 진리를 모르는 경우가 태반이다. 십자가에 대한 말씀과 암송, 활동은 수없이 많이 하지만 그 말씀의 능력이 자신과는 아무 상관없다고 생각한다. 십자가의 의미와 능력에서 자신을 분리시켜버리고 더 이상 생각조차 하지 않는 청소년들을 보곤 한다.

　하지만 여전히 예수 그리스도의 십자가, 나와 우리를 위한 십자가의 능력과 은혜는 이제 머리가 자라고 마음이 풍성해 지는 청소년들이 반드시 나누고 묵상하고, 확신해야 할 진리임을 알아야 한다.

　이번 과에서 다시 한 번 예수 그리스도의 십자가 은혜와 능력, 그리고 그 안에서 우리에게 일어나는 구원의 놀라운 경험이 나타나기를 소망한다.

"영접하는 자 곧 그 이름을 믿는 자들에게는 하나님의 자녀가 되는 권세를 주셨으니 이는 혈통으로나 육정으로나 사람의 뜻으로 나지 아니하고 오직 하나님께로부터 난 자들이니라"(요 1:12-13).

1 구원이란 무엇인가?

1) 자신이 생각하는 구원에 대해서 말해 보라.

2) 성경은 구원이 무엇이라고 말하고 있는가?

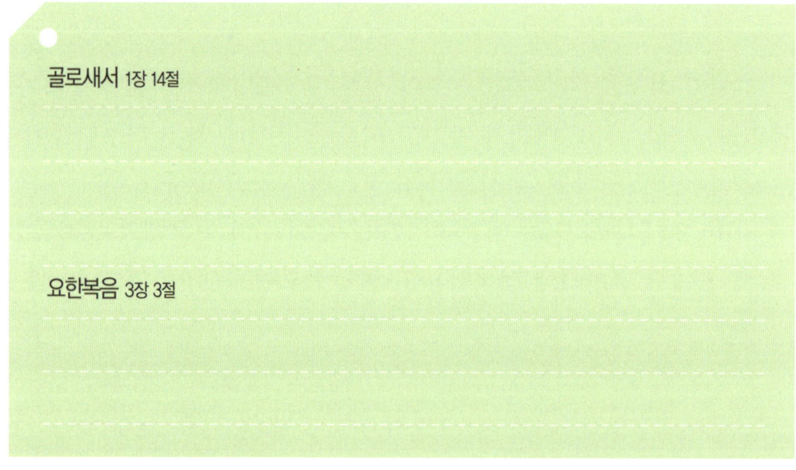

인간은 두 번 태어날 수 있는데 한 번은 자연적인 것으로 육적인 태어남이다. 이것은 어머니 뱃속에서 태어나는 인간이면 누구에게나 해당되는 것이다. 두 번째 태어남은 영적인 것으로 성령으로 태어나는 것이다. 이것은 하나님의 은혜 속에서 예수를 믿음으로 말미암아 하나님의 자녀 된 그리스도인에게 해당되는 말이다.

<u>2</u> 우리는 왜 구원받아야 하는가?

사람은 죄에 빠져 하나님으로부터 떠나 있다. 또한 죄를 지은 사람은 모두 죽을 수밖에 없고 죽은 후에는 심판을 받게 된다.

자신이 생각하는 죄는 무엇인가?

본래 사람은 하나님과 사귀며 살도록 창조되었다. 그런데 사람이 자기 마음대로 살려고 했기 때문에 마침내 하나님과의 사귐이 끊어지고 말았다. 죄란 바로 하나님과의 관계가 단절된 상태를 말한다.

<u>**3**</u> 우리는 어떻게 구원받을 수 있는가?

예수 그리스도만이 하나님께 이르는 유일한 길이다. 그분만이 사람의 죄를 해결할 수 있는 유일한 구원자이시다. 하나님은 그의 사랑하는 아들 예수 그리스도를 우리를 대신해 십자가에 죽게 하심으로 우리의 죄 값을 치르도록 하셨다. 예수 그리스도를 통하여 우리는 하나님의 사랑과 계획을 알게 되며 그것을 체험하게 된다. 그러므로 구원은 오직 예수 그리스도를 믿음으로 얻게 되는 것이다.

<u>**4**</u> 구원받는 믿음이란 어떤 믿음인가?

그리스도를 영접한다는 것은 그리스도께서 내 안에 들어오셔서 내 죄를 용서하시고 그분이 원하시는 사람이 되도록 그리스도께 나를 맡기는 것이고, 나 중심에서 하나님 중심으로 전환하는 것이다.

5 _ 이 믿음은 어떻게 얻을 수 있는가?

요한복음 1장 13절

에베소서 2장 8절

로마서 10장 17절

베드로전서 1장 23절

6 _ 당신은 구원의 확신이 있는가?

우리가 얻을 구원의 확신은 각자의 감정이 아니라 기록된 하나님의 말씀에 근거한다. 또 하나님의 성령이 우리 영으로 더불어 우리가 하나님의 자녀임을 증거하신다. 이로 인해 우리의 사고방식이나 습관 등 전반적인 생활방식이 변화된다. 그리스도 안에 있는 형제자매들을 사랑하며 다른 사람들과 그리스도에 대해 나누며 경건한 삶을 살기 원하게 된다.

당신은 구원의 확신이 있는가?

만약 그렇지 못하다면 그 이유는 아마도 예수님을 자신의 삶 가운데 모시지 않았기 때문일 것이다. 바로 지금, 나의 마음 가운데 예수님을 주인으로 모신다면 나의 삶은 변화될 것이다. 앞으로의 제자훈련 과정이 이것을 도와줄 것이다.

내가 만난 예수님을 고백해요...

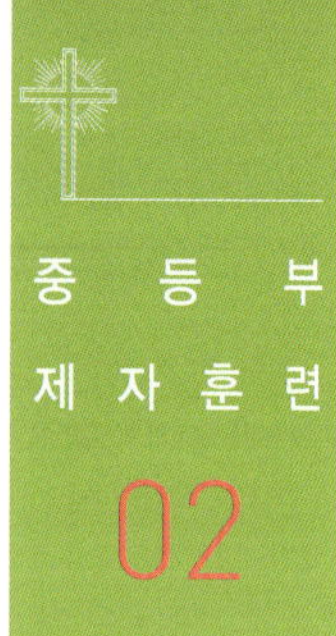

예수님을 믿는다면 누구나 자신이 만나고, 믿는 예수님을 고백할 수 있어야 한다. 초대교회의 성도들은 예수 믿는 것이 발각되면 잡혀가야 했다. 그럼에도 불구하고 그들은 자신이 믿는 예수님을 자랑스러워했으며 자신의 신앙을 확실하게 고백했다. 하지만 오늘날 우리는 어떠한가? 이러한 초대교회 성도들에 비해 우리는 부끄러운 경험들을 가지고 있을 것이다. 서로 믿는 그리스도인임에도 불구하고 자신이 믿고, 자신이 섬기는 예수님을 누군가에게 말하는 것을 대단히 부끄럽게 여기는 것이 우리의 현실이기도 하다. 그래서 오늘날 교회가 초대교회와 다르게 뜨겁지 못한 것인지도 모른다. 우리는 이제 훈련을 시작한다. 이런 훈련의 시작에서 우리가 믿는, 내가 만난 예수님을 서로에게 고백하는 시간을 가져야 한다. 그때 나타나는 가슴의 뜨거움과 뭉클함을 이제는 경험해야 한다. 솔직하게 자신이 믿는 예수님에 대해서 말해 보라. 이러한 도전은 우리의 훈련과 더불어 우리를 세상에서 승리하게 해줄 것이다.

"시몬 베드로가 대답하여 이르되 주는 그리스도시요 살아 계신 하나님의 아들이시니이다"(마 16:16).

1 사도 바울은 복음을 전하는 중에 필요하다고 생각되면 자신이 어떻게 예수님을 믿게 되었는지에 대해 간증하기를 좋아했다. 사도행전 22장 1-16절을 펴서 자세히 읽은 후에 줄거리를 서로 이야기해 보라.

2 바울의 예를 통해 우리가 신앙고백을 간증 형식으로 하려고 할 때에는 적어도 세 가지 내용을 갖추어야 한다는 사실을 배울 수 있다. 예수님을 믿기 전 자신의 모습, 예수님을 믿게 된 과정, 예수님을 믿은 다음에 일어난 변화가 그것이다. 자신의 신앙을 이런 식으로 간증할 수 있다고 생각하지 않는가? 글로 간단하게 적어보라.

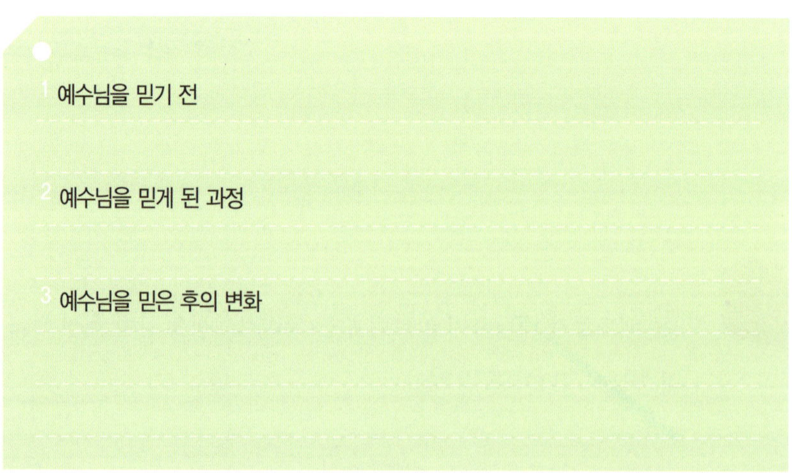

3 바울의 간증에서는 한 가지 중요한 것이 빠져 있다. 무엇이 빠졌는지 베드로의 신앙고백과 비교하여 보라(마 16:16-17). 베드로는 자신에게 예수님이 어떤 분인가를 고백하고 있다. 우리는 베드로처럼 예수님을 고백할 수 있는가? 자신의 말로 분명하게 신앙고백 해보라.

나에게 예수님은,

4 바울이나 베드로처럼 확신을 가지고 자신의 신앙을 간증하거나 고백하기가 어려운가? 그 이유가 어디에 있다고 생각하는가?

 예수님을 믿기 시작했을 때 사람들을 깜짝 놀라게 할 만한 어떤 사건이
나 변화를 체험한 사람들은 자신이 예수님을 믿게 된 과정을 어렵지 않
게 이야기한다. 그러나 믿는 집안에서 태어났거나 주일학교 때부터 교회
에 출석했던 사람들은 그렇지 못한 경우가 종종 있다. 싱거워서 할 말이
별로 없다는 식이다. 자신이 어느 경우에 해당하는지 말해 보라.

6 우리에게 감동적인 경험이 있든 없든, 예수 그리스도를 사람들 앞에서
고백하는 것은 우리 모두가 해야 할 의무다. 중요한 것은 나 자신의 믿음
을 확실히 고백할 수 있어야 한다는 것이다. 이 시간 공부하면서 다른 친
구들의 고백을 들었을 것이다. 그리고 자신에게 어떤 문제점이 있는가를
발견했을 것이다. 집으로 돌아가 다시 한 번 자신의 신앙고백을 간증 형
식으로 적어서 제출하라.

[간증문 작성의 도움말]

구원받은 모든 사람은 그리스도의 증인이다. 구원받은 날은 기억해낼 수 없더라도 자신이 구원받은 사실은 알고 있어야 하며, 이것을 통해 하나님 만난 것을 다른 사람에게 분명히 말할 수 있어야 한다. 그리스도의 증인이 되기 위해서는 우리가 영생을 얻었다는 것과 예수 그리스도는 우리의 구주와 주님이시라는 사실에 분명한 확신이 있어야 한다.

1 어려서 영생을 얻은 경우

나는 영생 얻은 것이 기뻐요. 왜냐하면…

1) 자신의 개인적 체험에서 긍정적인 예를 든다. (죽음으로부터 자유, 용서, 죄책감에서의 자유)

2) 영생의 확신과 언제라도 죽으면 천국 갈 확신이 있음을 포함시킨다.

2 커서 영생을 얻은 경우

1) 영생 얻기 이전의 삶(불안, 죽음의 공포, 외로움, 죄책감 등)을 제시한다.

2) 영생 얻은 때

3) 영생을 얻은 이후의 삶을 구체적으로 표현하라.

3 간증문 작성시 주의점

1) 영생 얻기 이전의 삶에 너무 치중하지 말고 영생 이후의 기쁨을 표현하라.

2) 너무 기독교적인 용어는 피하라.

3) 영적인 면은 제쳐두고 일상적인 내용만 다루는 것은 피하라.

4) 간증문을 듣거나 보는 사람이 실제의 장면을 보듯이 생생하게 묘사하라.

→ 다음의 내용이 반드시 들어가야 한다.

a. 예수님 믿기 이전(영접하기 이전)의 모습

b. 예수님을 믿게 된 동기와 과정

c. 예수님에 대한 자신의 신앙고백

d. 예수님을 믿은 후의 변화(결심)

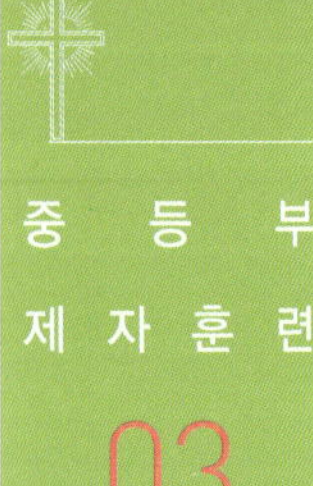

하나님과 매일 만나는 생활 · · ·

"목사님! 예수님이 의심돼요."

이런 의문을 가지고 오는 학생들이 종종 있다. 그리고 오늘날 이런 의심이 없다고 말할 수 있는 사람들은 흔치 않을 것이다.

여기에서 우리는 '예수님을 믿는다는 것'과 '하나님과 만나서 마음을 나눈다는 것'은 같은 말이 아니라는 사실을 알아야 한다. 가끔씩 보면 부모와 자녀관계이면서도 서로 간에 담을 쌓고 대화도, 교류도 없는 가족들을 보게 된다. 이것은 행복한 가정의 모습이 아니며 자녀와 부모의 관계가 단절된 것을 보여 준다.

이러한 문제에서 가족의 불화가 나타난다. 이처럼 우리와 하나님의 관계도 유사하다. 집회나 어떤 예배에서 예수님을 믿게 되지만 그렇게 한 번 만난 것으로 모든 교제가 완성되는 것이 아니다. 그것은 단지 시작일 뿐이다.

우리가 신앙생활을 건강하고 기쁘게 유지하려면 하나님과 마음을 나누는 영적인 교제를 잘 이루어 가야 한다.

하나님과 매일 만나는 교제의 생활을 일컬어 '경건의 시간' 이라고 말한다. 매일 시간을 정하여 찬양과 말씀과 기도하는 습관이 바로 그것이다.

이러한 삶은 마치 가지가 나무에서 진액을 공급받아 그 잎이 푸르고 열매를 맺는 것과 같은 축복을 누리게 된다. 매일 하나님과의 거룩한 교제 없이 우리의 삶이 행복할 수 없다. 인격적인 교제란 부드럽고 자연스럽게 지속적으로 유지되어야 그 맛이 달고 즐거운 법이다. 하나님과 우리의 관계가 이래야 하는 것이다. 이제 어떻게 매일 하나님과 인격적인 교제를 나눌 수 있는지 공부해 보자.

"그러므로 우리는 긍휼하심을 받고
때를 따라 돕는 은혜를 얻기 위하여
은혜의 보좌 앞에 담대히
나아갈 것이니라" (히 4:16).

<u>**1**</u> '하나님과 교제한다' 는 말의 의미에 대하여 히브리서 저자는 참 멋진 말로 표현한다. 히브리서 4장 16절을 가지고 다음 질문에 답해 보라.

1) 우리는 언제 하나님과 교제가 필요한가?

2) 하나님과 교제를 하는 목적은 무엇인가?

3) 하나님과 교제하는 자는 어디로 나아가야 하는가?

2 예수님은 세상에 계실 동안 하나님과 너무나도 아름다운 교제를 지속하셨다. 그분이 하나님과 교제를 가지셨던 때와 장소, 그리고 내용을 말해 보라(막 1:35).

언제

어디서

내용

3 예수님의 하루 생활은 너무나도 바쁘셨다. 예수님이 24시간을 어떻게 보내셨는지 안식일부터 그 다음날까지의 일과를 마가복음 1장을 통하여 살펴보라.

♥ 안식일 오전(21-28절)

♥ 안식일 오후(29-31절)

♥ 안식일 저녁(32-34절)

♥ 다음날 아침(35절)

4 예수님이 그토록 분주한 나날을 보내시면서도 아침 일찍 하나님과 만나는 경건의 시간을 빠뜨리지 않으셨다는 사실을 보고 우리는 무엇을 느끼는가?

5 우리는 '바쁘다, 시간이 없다' 는 핑계를 앞세워 경건의 시간을 빼먹는 버릇은 없는가? 있다면 언제부터 그랬으며, 그 일로 인해 신앙생활에서 입은 피해가 무엇인지 말해 보라.

6 매일 시간을 정해 놓고 하나님과 만나고 싶어도 잘 안 되는 이유가 무엇이라고 생각하는가?

7 경건의 시간을 잘 지키기 위해 몸에 익혀야 할 습관이 있다면 그것은 무엇인가?

8 하나님과 바른 교제를 나누기 원하면 반드시 기도해야 한다는 사실을 예수님으로부터 배울 수 있다. 자신이 매일 어떻게 기도하고 있는지 말해 보라.

<u>**9**</u> 말씀을 읽고 묵상하는 것은 하나님과 만날 때마다 그분의 말씀에 귀를 기울이는 태도다. 시편 119편 97-102절을 펴놓고 대답해 보라.

1) 성경을 대하는 마음가짐은 어떠해야 하는가?(97절)

2) 성경을 읽고 배우는 태도는 어떠해야 하는가?(102절)

3) 배운 말씀을 마음에 간직하는 방법은 무엇인가?(97, 99절)

4) 배운 말씀대로 살기 위해서는 어떻게 해야 하는가?(101절)

10 위의 네 가지 사실 중에서 자신에게 가장 문제가 된다고 생각되는 것은
무엇인가?

11 이 시간 배운 내용을 다시 정리하고 각자 집에 돌아가 당장 실천해야겠
다고 생각되는 것이 무엇인지 말해 보라.

♥ 나는 날마다 (　　:　　)부터 (　　:　　)까지

(　　　　　　　　　　　　　　)에서 주님과 만날 것을 약속합니다.

년　　　　월　　　　일

인

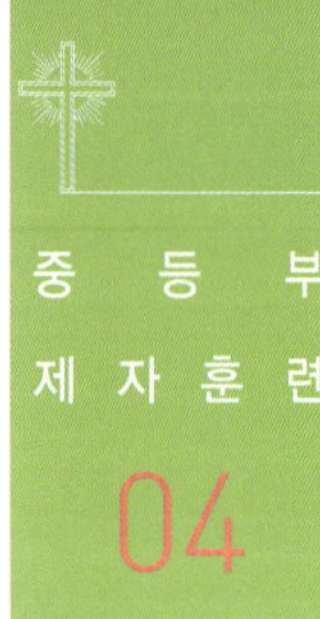

경건의 시간···

어렸을 적 바닷물을 마셔본 경험이 있는가? 얼마나 짠지 어찌할 줄 몰랐던 경험이 있을 것이다. 그렇다면 바닷물을 짜게 하는 염분은 얼마나 들어 있을까? 그것은 35퍼밀이라고 한다. 퍼밀이라는 것은 1/1000을 의미한다. 그것은 바닷물 1000g 가운데 짠 맛을 내는 염분은 고작 35g이라는 것이다. 이것을 상상할 수 있겠는가?

지난주에 우리는 성공적인 신앙생활을 하기 위해서는 매일 하나님과 만나는 생활을 해야 한다고 배웠다. 경건의 시간이란 기도와 말씀을 가지고 매일 규칙적으로 하나님과 나누는 영적인 교제의 한 방법이다. 이번 과에서는 바로 큐티(Q.T)에 대해서 배워보고 실제로 함께 나누어 보는 시간을 갖겠다. 큐티는 하루에 적은 시간을 드리는 것이다. 마치 바닷물에 녹아 있는 염분의 퍼센트 정도이다. 하지만 그 힘은 그야말로 대단하다. 우리가 상상도 하지 못할 만큼의 힘을 내는 것이 바로 경건의 생활인 것이다.

바로 그 능력을 배우고, 발휘하는 시간이다. 함께 공부해 보자.

암송구절

"주의 말씀은 내 발에 등이요
내 길에 빛이니이다" (시 119:105).

1 지난 한 주간 동안 하나님과 만나는 시간을 어떻게 가졌으며, 각자 받은 은혜는 무엇이었는지 이야기해 보라.

2 경건의 시간(QT)에 말씀을 묵상하면서 기록하는 내용은 주로 다음 네 가지 정도다. 다음에 소개하는 사례는 제자훈련을 받은 어느 학생이 기록한 경건 노트다. 자세히 읽고 각 항목의 차이점이 무엇인지 살펴보라.

– 내용 관찰

★ 내용 관찰이란 '내용 요약'에 해당되는 것이다.

★ 내용 관찰이란 '본문의 개요'에 해당되는 것이다.

★ 내용 관찰을 위해서는 여러 번 읽어야 한다.

★ 내용 관찰은 연구와 묵상을 위해 반드시 있어야 하는 과정이다.

– 연구와 묵상

★ 연구와 묵상은 내용 관찰보다 더 구체적이고 세밀하게 본문을 살펴보는 과정이다.

★ 연구와 묵상은 난해한 단어나 문장을 해석하는 과정이다.

★ 연구와 묵상은 본문 분해 과정이다.

★ 의미를 발견하는 과정이다.

★ 학생들이 가장 훈련이 안 되어 있는 부분이다.

– 느낌

★ 자기가 본문을 깨닫는 작업이다.

★ 성령의 역사가 가장 강하게 나타나는 부분이다.

– 결단과 적용

★ 결단과 적용은 의지를 요구한다.

★ 삶으로 실천되어야 한다.

★ 행동이 아닌 태도를 바꾸기로 결심하는 것도 결단과 적용이라는 점을 기억해야 한다.

★ 점점 발전해 나아가야 한다.

3 만일 자신이 경건의 시간을 노트에 기록한다면 네 가지 내용 가운데서 어느 것이 가장 힘들고, 어느 것이 그런 대로 해볼만 하다고 생각되는가?

<u>**4**</u> 경건의 시간에 사용하는 노트는 주로 다음 네 가지 형식으로 기록한다.
도표를 가지고 서로 비교해 보라

| 제목 바른 기도란 무엇인가? | 본문 마태복음 20:17-28 |

내용 관찰

예수님이 12제자들에게 자신을 십자가에 못 박게 할 것이고 제 삼 일에 살아난다고 말하며 가고 있는데 세베대의 아들의 어머니가 예수님께 자신의 두 아들을 각각 주의 좌편과 우편에 앉게 해 달라고 하고 있다. 하지만 예수님은 주의 좌편과 우편에 있는 자리는 자신이 주는 것이 아니라 두 형제에게 달려있다고 말하고 있다.
이에 12제자들이 주의 좌편과 우편을 원하던 두 형제에 대하여 분하게 생각하게 되었는데, 예수님은 제자들에게 누구든지 으뜸이 되고자 하는 자는 너희의 종이 되어야 한다고 말씀하셨다. 그리고 또한 예수님이 이 땅에 온 것은 섬김을 받으러 온 것이 아니라, 자신의 목숨을 다른 많은 사람들에게 대속물로 주시기 위해서 온 것이라고 말한다.

연구와 묵상

본문에서 세베대의 아들의 어머니는 예수님께 자신의 아들 두 명을 주의 좌, 우편에 앉게 해 달라고 한다. 예수님은 자신을 사모하고 진정으로 사랑하는 사람의 기도를 들어주시지 않으셨다. 그리고 주의 좌편, 우편에 앉게 되는 것은 자신이 하는 것에 따라서 다르다고 했다. 그 이유는 세베대의 아들의 어머니가 자신의 욕심에서 벗어나지 못함인 까닭이다. 예수님이 원하시는 기도가 아닌, 오직 자기 자식이 잘되어야 한다는 욕심 말이다. 이런 어머니의 기도를 들은 예수님은 "자신이 자리를 주는 것이 아니라 두 형제에게 달려있다" 라고 말하고 있다. 예수님이 이 말을 하신 이유는 두 아들의 어머니에게 예수님이 원하시는 기도는 자신의 욕심을 위한 기도가 아니라는 것을 알려주기 위해서 말씀하신 것이다.

<table>
<tr><td>제목 바른 기도란 무엇인가?</td><td>본문 마태복음 20:17-28</td></tr>
</table>

느낌

마태복음 20장 17-28절을 묵상함으로 인해 나도 성경 속 두 아들의 어머니처럼 나만을 위한 기도만 하지 않았나, 하는 생각을 했었다. 그리고 예수님이 말씀하신 참된 기도가 무엇인지 또한 생각해 보게 되었다. 앞으로는 나만을 위한 기도가 아닌, 예수님이 원하시는 참된 기도를 해야겠다고 생각했다. 그리고 예수님이 말씀하시는 것과 같이 내가 으뜸이라는 마음이 아닌 가장 낮은 자의 마음으로 기도 해야 한다는 것도 알게 되었다.

결단과 적용

하나님이 예비하신 자리는 우리가 하는 일에 따라서 얻는 것이라고 하신 예수님의 말씀을 믿고 앞으로 내 삶에서 내 욕심으로 나 자신만을 위한 기도가 아닌 예수님이 말씀하신 기도를 해야겠다. 또한 나 자신을 으뜸으로 생각하지 말고, 섬기는 사람이 되어서 하나님의 말씀을 다른 사람들에게 전해야겠다는 생각도 했다.

★ **큐티의 4가지 유형을 비교하여 설명하면 다음과 같다.**

1 **A형** 느낌만을 기록하는 형태다. 본문을 읽으면서 각자가 도전받고, 감동받고, 깨달은 부분을 기록하는 형태. 큐티 초보자나 A형에 익숙한 사람이다.

2 **B형** 느낌과 함께 내용 관찰을 기록하는 것이다.

"얼마나 본문을 통해서 도전받고 새롭게 깨닫는가?"는 얼마만큼 내용 관찰을 잘했느냐에 달려 있다. 이 형태는 본문을 3번 이상 생각하면서 읽고 자신의 말로 풀어 써 본 다음 느낌을 기록하는 형태다.

3 **C형** 내용 관찰, 느낌과 아울러 실천사항을 기록한 것이다.

C형은 B형에 결단과 적용을 포함하는 형태다. 실제로 깨닫고 도전받고 감동받은 교훈을 각자 구체적으로 어떻게 실천할 것인가를 적는다.

4 **D형** C형에 연구와 묵상이 더 들어간다.

큐티 중 가장 어려운 형태다. 사실 연구와 묵상이 제대로 습관화 되어 있다면 귀납적 성경 공부를 인도할 수 있는 능력이 갖추어진 것이라고 평가할 수 있을 정도로 어려운 부분이다.

5 당신은 A, B, C, D 네 가지 형식 가운데 자신에게 어느 것이 큰 부담 없이 날마다 즐겁게 할 수 있는 형식인가?

구분	내용 관찰	연구와 묵상	느낌	결단과 적용
A형			○	
B형	○		○	
C형	○		○	○
D형	○	○	○	○

6 지도자가 선택한 본문을 가지고 자신이 좋다고 생각하는 형식으로 간단히 경건의 노트를 써보라. 그리고 서로 돌아가며 발표하는 시간을 가져보자.

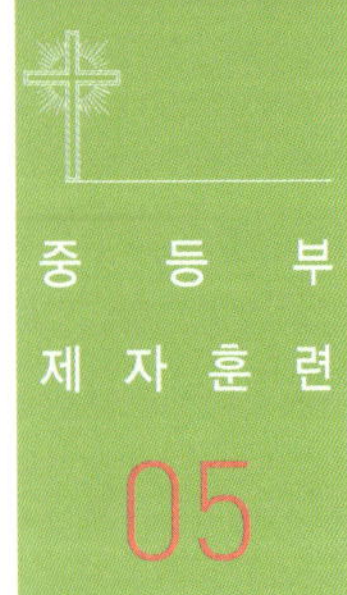

하나님의 말씀 : 성경 · · ·

　우리들의 삶은 기적이 필요하다. 많은 청소년들이 세상을 살아가면서 느끼는 것들은 바로 두려움이다. 자신이 원하는 대로 되지 않는 것에 대한 두려움과 새롭게 시작되는 것에 대한 두려움, 실패에 대한 두려움, 이런 두려움을 이겨내야만 청소년들은 다시 한 번 세상으로 나아갈 수 있다. 그러므로 두려움을 이겨낼 '용기' 가 필요하다. 이러한 용기는 다른 것에서 오는 것이 아니라 '믿음' 에서 나온다. 믿음이 없으면 용기도 없다. 이런 믿음은 하나님의 말씀에서 나온다.

　얼마나 놀라운가! 하나님의 말씀에서 내 삶을 변화시킬 능력이 나온다는 것이 경이롭지 않은가! 하지만 많은 사람들이 마치 바리새인들처럼 하나님의 말씀과 능력을 크게 오해할 수 있다. 하나님의 말씀은 살았고 능력이 있다. 이 과를 통하여 이 사실을 경험하기 바란다.

"모든 성경은 하나님의 감동으로
된 것으로 교훈과 책망과
바르게 함과 의로 교육하기에
유익하니 이는 하나님의 사람으로
온전하게 하며
모든 선한 일을 행할
능력을 갖추게 하려 함이라"

(딤후 3:16-17).

우리는 하나님의 사랑스런 아들, 딸이다. 하나님의 자녀 된 우리는 성경 말씀을 통해 하나님과 대화하고, 하나님의 뜻을 깨닫고, 삶을 이루어 갈 수 있다. 그렇지만 성경의 많은 내용과 부피 때문에 어디서부터 어떻게 보아야 할지 모를 때가 있다. 성경을 좀 더 친근하게, 좀 더 의미 있게 볼 수는 없을까?

1 성경이 살아 있는 하나님의 말씀이라는 사실을 히브리서 4장 12-13절은 어떻게 이야기하고 있는가?

2 우리가 가지고 읽고 있는 성경의 저자는 누구이며, 누구를 위하여 쓰였나?

3 성경을 읽는 목적

1) 우리는 왜 성경을 읽어야 하는가?(자기의 생각을 적어보라.)

2) 하나님이 그분의 말씀을 적어 우리의 손에 주신 것은 두 가지의 목적이 있기 때문이다. 그 목적은 무엇인가?

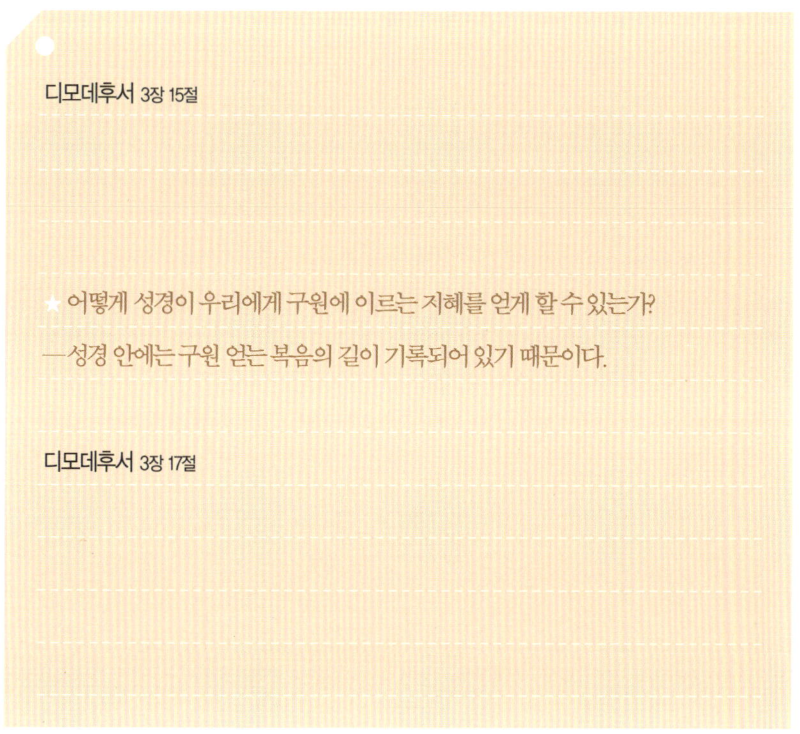

4 성경이 정말로 살아 있는 하나님의 말씀이라는 사실은 죄인을 구원하는 복음의 능력에서 찾아볼 수 있다. 이 부분에 대하여 로마서 1장 16절은 어떻게 말씀하고 있는가?

<u>**5**</u> 하나님이 우리에게 성경을 주신 두 번째 목적은 우리의 신앙의 인격과 삶을 온전케 하는 데 있다고 했다. 먼저 사람을 온전케 한다는 의미가 무엇이라고 생각하는가?(참고/ 엡 4:15)

<u>**6**</u> 선한 일을 행하기에 능력을 갖추게 한다는 말은 무슨 뜻인가?(참고/ 엡 4:19-24)

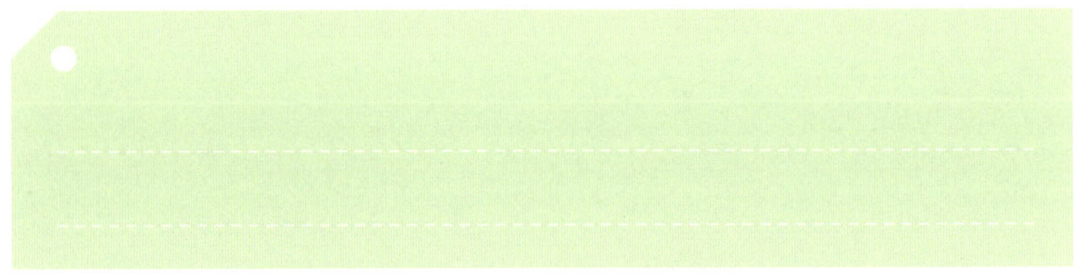

<u>**7**</u> 우리는 온전하게 된다는 말을 지나치게 해석하지 말아야 한다. 죄를 전혀 안 짓는다거나 흠이 조금도 없는 상태를 의미하는 것이 아니기 때문이다. 이것은 하나님의 자녀가 매일 주님을 닮아가는 성화의 과정을 가리킨다. 그러므로 중요한 것은 우리가 매일 하나님의 말씀을 읽고 배우면서 어느 정도로 온전해지고 있느냐 하는 점이다. 이 점에 대해 요한일서 3장 3절은 우리에게 무엇을 교훈하고 있는가?

8 솔직하게 말해서 자신이 1년 전에 비해 사람 됨됨이나 생활에서 어느 정도 온전해졌다고 생각하는가? 구체적인 예를 한두 가지만 들어보라.

9 우리를 온전하게 하기 위해 성경이 가지고 있는 놀라운 네 가지 기능은 무엇인가. 그 의미를 빈 칸에 적어보라. 그리고 아래와 같은 네 가지 기능 가운데 자신이 성경을 읽을 때마다 가장 많이 체험하는 은혜는 어느 것인가?

1 _______ : 선악에 대해 가르치는 말씀.

2 _______ : "유죄 판결하는 것"으로 여기서는 선악에 대해 책망하는 말씀.

3 _______ : 원래 "추를 바로 세우다"의 의미다. 회개하게 하시는 역사.

4 _______ : 어린아이의 훈육과 관련된 표현으로 '훈련'이란 느낌을 더 많이 함축한다. 진리를 깊이 깨닫도록 인도하시는 가르침.

내가 가장 많이 체험하는 것은

10 우리 주변을 보면 성경은 읽는 것 같은데 아무런 변화도 나타나지 않는 사람들이 많이 있다. 성경을 읽어도 책망의 소리를 듣기 싫어하고, 회개하기 싫어하며, 공의와 정의를 행하기 싫어하는 것 때문에 진리를 듣지 못하는 사람들이 있다. 그런 상황에서도 그 문제를 대수롭지 않게 여긴다. 얼마나 답답한 상황인가? 만의 하나라도 내가 그런 사람이 아닌지 생각하고 반성해 보라.

자신의 결단을 글로 적어보라.

[부록_성경 길라잡이]

기독교는 본질적으로 역사적 종교다. 그리스도인들이 소중히 여기며 전하고자 하는 하나님의 계시는 아무것도 없는 허공 가운데서 주시는 것이 아니라, 전개되는 역사적인 상황, 즉 이스라엘이라는 나라와 예수 그리스도라는 인물을 통하여 주신 것이다. 계시 또한 역사적 배경과 뗄 수 없고 오직 그 안에서만 이해할 수 있다.

그러나 성경의 역사는 모든 역사적 사실을 서술하고 있지는 않다. 왜냐하면 성경책이 역사책은 아니기 때문이다. 모든 책이 그 목적에 따라 쓰인 것처럼 성경 역시 목적을 가지고 쓰였다. 성경의 관심은 인류를 향한 하나님의 사랑과 구원에 있다. 그렇기 때문에 성경의 역사는 곧 구원의 이야기다.

이 거룩한 역사의 범위는 매우 넓다. 비록 그 속에는 사람들이 쓴 세계 역사상 획기적인 인간 문명에 속하는 대부분의 시대들이 빠져 있지만, 하나님의 입장에서는 인류사 전체를 처음부터 끝까지 즉, 하나님이 천지를 창조하신(창 1:1) 태초부터 새 하늘과 새 땅(계 21:1, 5)을 창조하신 마지막까지의 전부를 이야기해 주고 있다.

1 구약

성경의 가장 큰 주제는 바로 예수 그리스도이시며, 구약이 "장차 누군가 오리라"라고 말한다면, 신약은 "누군가 와 있다"와 "누군가 다시 오리라"라고 하는 것이다. 구약은 39권의 책을 모은 것인데 이 책들이 배열된 순서는 저작 연대나 취급하는 내용의 연대에 의해서가 아니라 문학적 양식에 의하여 결정된 것이다. 구약은 크게 모세오경, 역사서, 시가서, 선지서(대, 소) 4종류로 나뉜다.

★ 한 번 적어보라.

1) 모세오경

2) 역사서

3) 시가서

4-1) 대선지서

4-2) 소선지서

2 신구약 중간시대

구약의 마지막 책인 말라기와 신약의 첫 번째 책인 마태복음 사이에는 약 400년 간의 공백 기간이 있는데, 이때에는 공인된 선지자가 없었기 때문에 '침묵기'라고 불린다. 말라기 이후 하나님의 대언자는 세례 요한이다. 하나님은 그 백성에게 400 년간 침묵하셨지만 계속 활동하시며 예수 그리스도를 보낼 준비를 하고 계셨다.

3 신약

신약은 예수 그리스도의 생애, 그의 말씀과 사역, 죽음 및 부활을 이야기하고, 택하신 사도들을 통하여 행하시고 가르치기를 계속하신 것, 그리고 장차 맺을 열매에 대해 말해 준다. 신약도 구약처럼 그 특징에 따라 복음서, 역사서, 서신서, 예언서로 나눌 수 있다.

★ 한 번 적어보라.

1) 복음서

2) 역사서

3) 서신서

4) 예언서

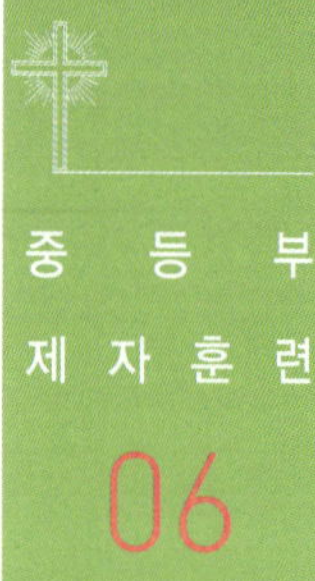

무엇이
바른 기도인가요? · · · ·

"제가요, 기도 몇 번 해봤는데요, 응답이 없던데요."

껌을 씹으며 말하던 아이가 생각난다. 어찌나 답답한 아이인지! 솔직하게 이 아이는 기도하지 않은 것 같다. 더 솔직하게 말하면 이 아이는 기도가 무엇인지도 알지 못하는 것 같았다. 하나님의 자녀에게는 하나님 앞으로 나아가는 기도 생활만큼 인생 전반에 큰 영향을 미치는 것이 없다.

기도를 성도의 호흡이라고 비유한 말이 있다. 이는 기도의 절실함을 잘 표현하는 말이라 할 수 있다. 숨을 쉬지 않으면 아무도 살아남을 수 없듯이 기도하지 않으면 영혼의 생명을 지탱할 수 없다.

고든의 말이 얼마나 위대한 충고인가! "오늘날 이 세상의 위대한 사람들은 기도하는 사람들이다." 기도에 대해서 말하거나 설명할 수 있는 사람이 아니라 바로 시간을 내어 기도하는 사람을 말한다. 그들은 시간이 없다. 다른 어떤 일에 시간을 보내야만 한다. 그 일은 대단히 중요하며 긴급하다. 그러나 기도만큼 중요하고 긴급하지는 않다.

암송구절

"아무것도 염려하지 말고 다만 모든 일에 기도와 간구로, 너희 구할 것

을 감사함으로 하나님께 아뢰라 그리하면 모든 지각에 뛰어난 하나님

의 평강이 그리스도 예수 안에서 너희 마음과 생각을 지키시리라"

(빌 4:6-7).

1 히브리서 4장 14-16절을 다섯 번 이상 읽고 16절을 암송하라.

2 예수님은 우리에게 대제사장이 되신다. 그분은 지금 어디에 계신가?
(16절)

3 16절의 "그러므로"에 주목하라. 이 말은 우리가 기도로 하나님께 매달려도 좋을 근거가 된다. 15-16절을 서로 연결해서 검토하고 그 이유를 말해 보라.

4 기도는 우리가 하나님 앞으로 나아가는 일이므로 확실히 큰 특권임에 틀림없다. 자신이 이 놀라운 특권을 함부로 하거나 소홀히 해서 영적으로 가난하고 어리석은 자가 되지는 않았는지 돌아보라.

5 우리가 기도할 때 피해야 할 함정이 있다. 예수님이 바리새인들의 기도를 보시고 경고하신 것은 무엇인가?

마태복음 6장 5절

6 주님이 기뻐하시는 기도는 어떤 것인가?

7 골방은 어디를 말하는 것인가? 그리고 자신의 골방에 대해 소개해 보라.

8 중언부언하는 기도가 무엇인지 자신의 생각을 말해 보라.

9 마음에도 없는 말을 입버릇처럼 한 기도 내용은 없는가? 자신이 중언부언으로 기도했던 경험을 적어보라.

10 주기도문은 우리가 구해야 할 기도 내용에 대해 가르치고 있다. 마태복음 6장 9-13절을 가지고 기도의 내용과 우선순위에 대해 살펴보라.

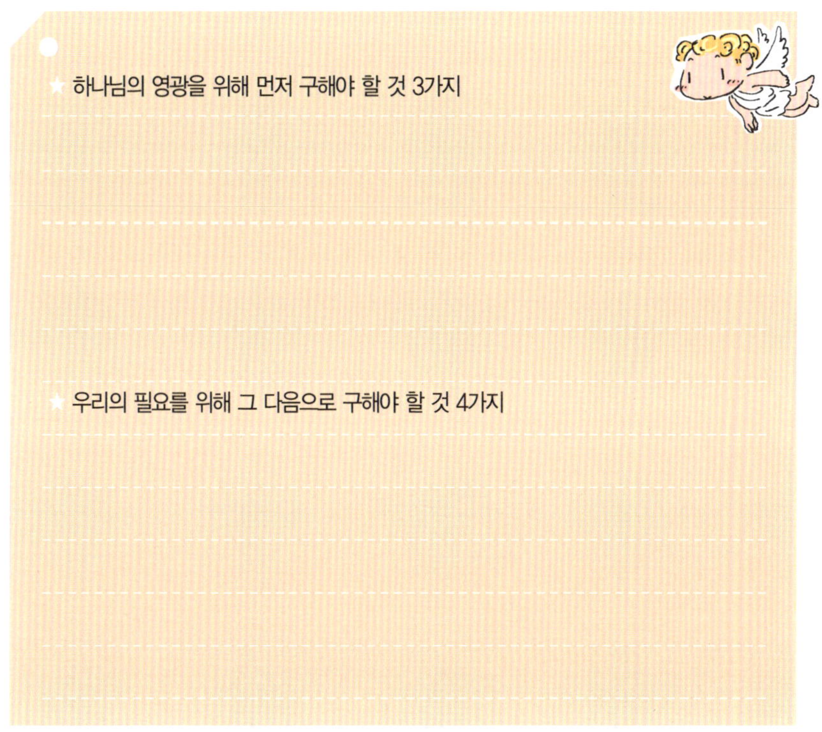

11 자신의 기도에서 최우선의 관심사는 무엇인가?

<u>**12**</u> 자신의 관심사와 예수님이 가르쳐 주신 관심사를 비교하면서 느끼는
것이 있으면 솔직하게 이야기해 보라.

13 주님이 가르쳐 주신 기도를 배우면서 자신의 기도를 수정해야겠다고 생각하지 않는가? 그렇다면 어떻게 바꾸어야 할까?

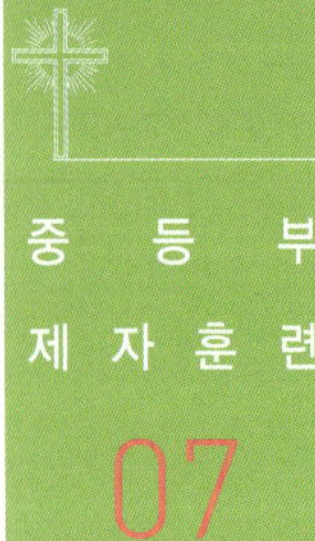

기도의 응답 · · ·

　"나는 과연 얼마나 많은 기도의 응답을 받았고, 받고 있는가?" 란 질문에 자신 있게 대답할 수 있는 학생들이 많지 않을 것이다. 그리고 받았다 하더라도 구체적인 사례를 말할 수 있는 사람들도 그리 많지는 않을 것이다.

　하지만 성경을 보면 기도에 대한 응답은 예수님이 여러 차례 말씀하고 계신 약속이었다. 그만큼 응답에 대한 확실성에 대해서 말씀하고 계신 것이다. 만일 마땅히 응답을 받아야 할 일이고, 정상적으로 기도했는데 아무것도 얻지 못했다면, 그것은 하나님 스스로 그의 영광에 손해를 끼치신 것이다.

　그러므로 기도의 응답을 받지 못하면 하나님의 약속이 능력이 없어서가 아니라 기도하는 우리에게 문제가 있거나, 응답이 내가 원하는 것이 아니라 하나님이 원하시는 것으로 나타나기 때문이다.

　"너희가 내 안에 거하고 내 말이
너희 안에 거하면 무엇이든지 원하는 대로 구하라
그리하면 이루리라" (요 15:7).

1 예수님이 기도의 응답에 대해 어떻게 말씀하셨는지 마태복음 7장 7-11절을 읽어보라. 이 중에서 자신이 즐겨 외우는 구절이 몇 개나 되는지 살펴보라.

2 기도의 응답을 확신시켜 주려고 같은 의미의 말씀을 어떻게 바꾸어 가면서 다짐하고 있는가를 주의해서 보라(7-8절).

3 9-11절에서 하나님은 자신을 세상의 아버지와 비교하고 계신다. 그리고 두 가지 비유로 예를 들면서 힘주어 다짐하고 또 다짐하시는 약속이 있다. 그것이 무엇인가?

4 우리는 이 정도의 다짐에도 번번이 하나님을 의심하는 버릇이 있다. 자
신의 경우를 한 번 이야기해 보라.

5 11절 말씀을 순수하게 받아들인다면 한시바삐 하나님 앞으로 달려가서
속사정을 다 털어놓고 싶은 충동을 느껴야 정상이다. 우리 마음에는 이
런 충동이 어느 정도 일어나고 있는가?

<u>**6**</u> 아래의 성구들을 검토하면서 응답을 방해할 수 있는 것들이 무엇인가를 알아보자.

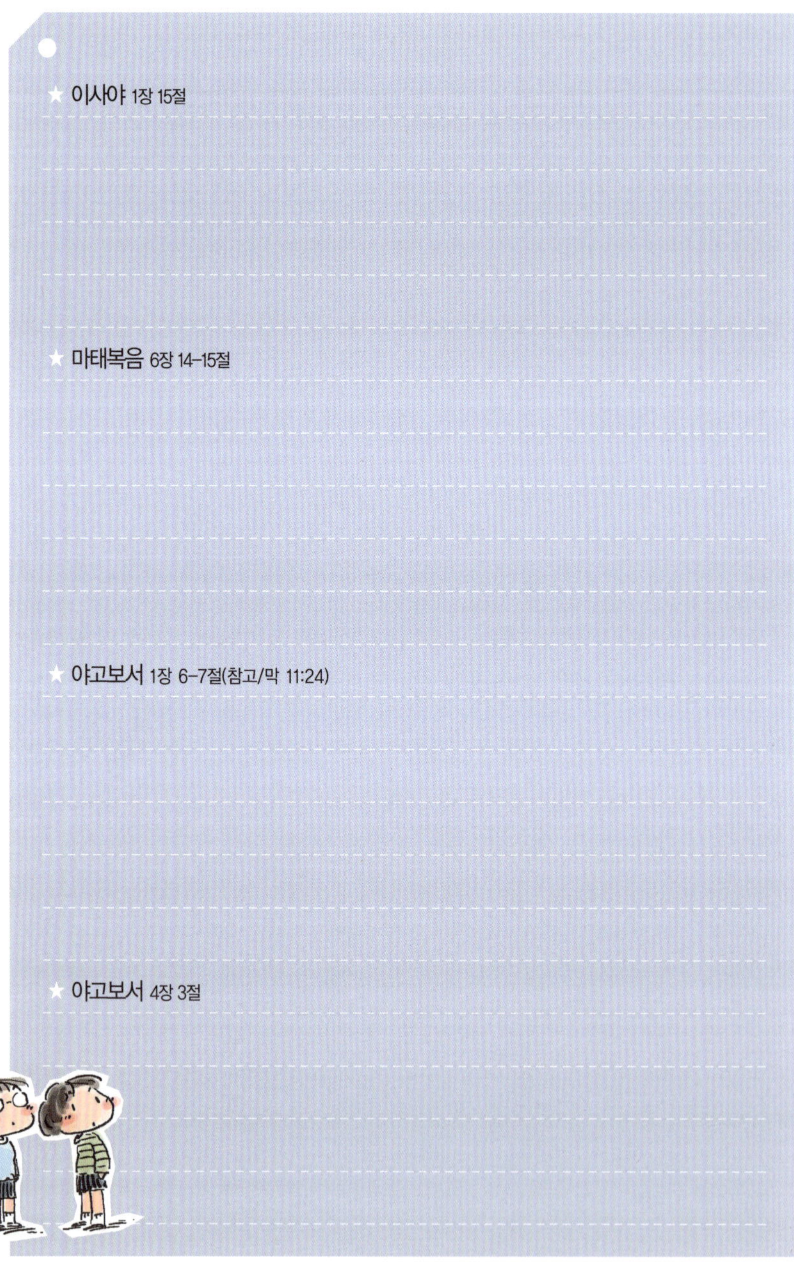

7 어떻게 하면 응답을 빨리 받을 수 있는지에 대해 모세가 우리에게 가르쳐 준 방법이 하나 있다. 먼저 출애굽기 32장 7-8절을 읽어보라. 하나님이 진노하신 이유가 무엇인가? 그리고 11-13절을 읽고 모세가 이스라엘 백성을 위해 간청한 내용이 무엇인지 살펴보라.

8 하나님이 응답이 얼마나 빠른가를 주의해서 보라(14절).

9 모세가 응답을 빨리 얻어낼 수 있었던 것은 "주께서 그들을 위하여 주를 가리켜 맹세하여 이르시기를"(13절) 이라고 하는 하나님의 약속을 붙들고 매달렸기 때문이다. 왜 약속의 말씀을 들고 나아가면 응답을 빨리 해주시는가?

10 기도의 응답을 얻기 위해 하나님이 약속하신 말씀을 얼마나 자주 들고 나가는지 자신을 돌아보라. 그리고 실제로 들고 나아간 약속의 말씀은 무엇이며, 그 응답은 어떠했는지 예를 하나 들어 보라.

11 기도의 응답이란 눈을 뜨자마자 금방 손안에 쥐어지는 그런 것이 아니다. 물론 응답이 한두 시간 안에 올 때도 있다. 그러나 대부분의 기도 응답은 낙심하지 않고 오랜 시간 기다릴 때 찾아온다. 오랜 기도 후에 받은 응답 하나를 소개해 보라.

12 자신의 기도 생활에 대해서 다른 학생들과 비교하면서 고쳐야 할 것이 없는지 살펴보라.

참된 예배 · · ·

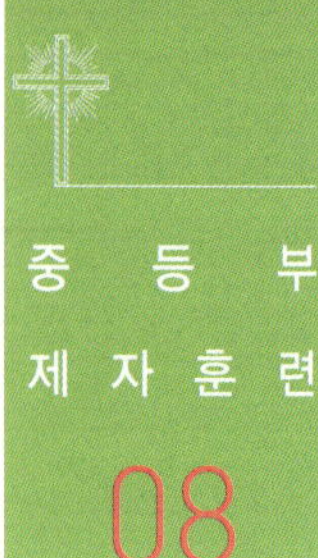

주일마다 참석하는 예배, 과연 우리는 이런 예배에 대해서 어떤 생각을 가지는가? 많은 학생들이 무의미하게 여기거나, 의식 없이 그저 예배에 참석하는 것으로 만족하고 만다. 때로는 예배드리지 않으면 어떤 좋지 않은 벌이라도 받을까 봐 무서워서 예배에 참석하는 친구들도 있다.

하지만 예배는 그런 것이 아니다. 하나님이 허락하신 예배는 능력과 회복이 있고, 감사함과 감동이 있다. 우리는 이런 예배를 위해 준비해야 한다. 이번 과를 통해서 능력 있는 예배에 대해 배우며, 예배에 대한 바른 정의를 세우는 시간이 되기를 소망한다.

"하나님은 영이시니 예배하는 자가

영과 진리로 예배할지니라" (요 4:24).

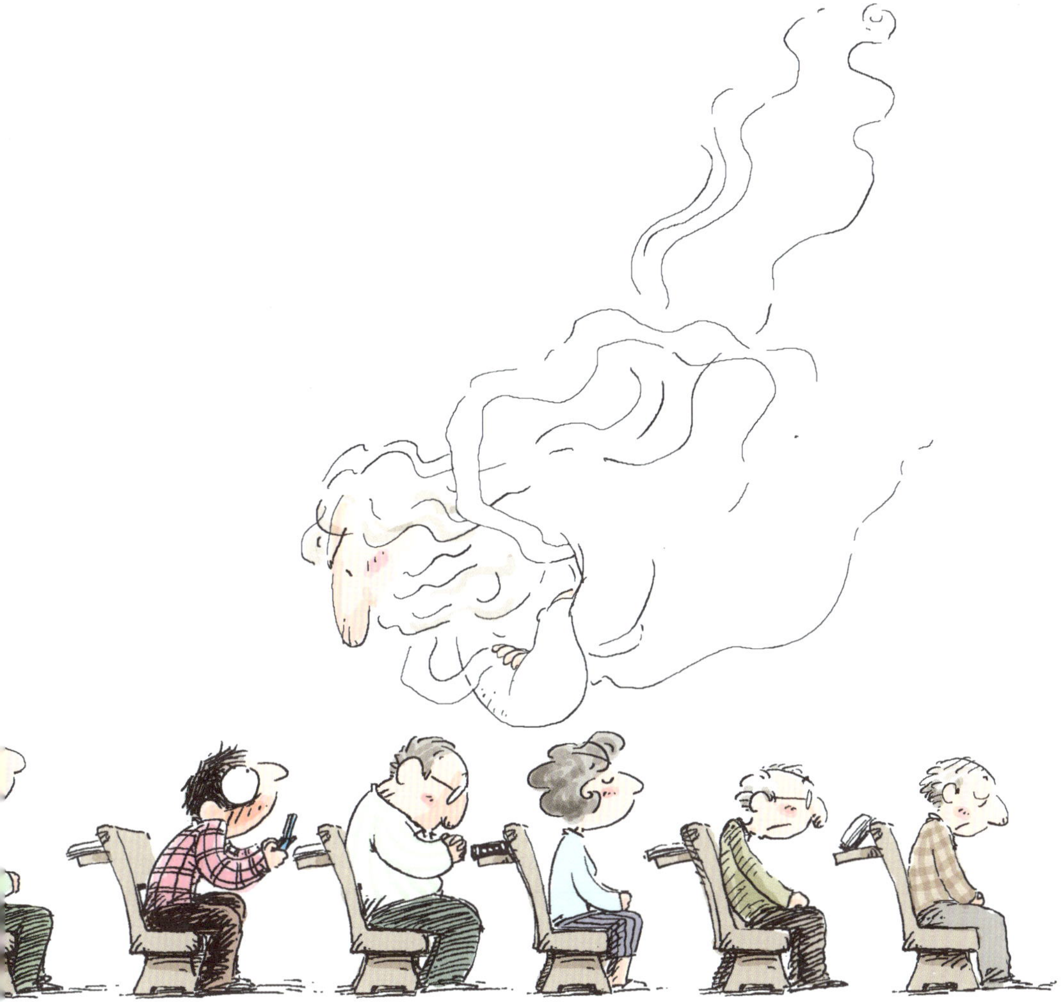

1 맞아 맞아 Best3, 예배시간 이런 사람 꼭 있다.

1)

2)

3)

2 예배는 왜 드려야 하는 것인가? 그리고 어떤 모습으로 드려야 하는가?
지금 나의 모습과 비교하여 함께 이야기해 보자.

창세기 4장 1-9절을 읽고 다음을 이야기해 보라.

3 하나님께 두 사람이 제사를 드렸지만 하나님은 아벨의 제사만 받으셨다.
왜 아벨의 제사만 받으셨는가?(4절)

4 성경은 하나님이 아벨의 제사를 받으신 이유를 어떻게 말하고 있는가?
(히 11:4)

5 하나님은 가인의 제사를 받지 않으셨다. 5-9절을 통해 다음을 이야기해
보라.

1) 가인은 어떤 사람이었는가? 다섯 글자로 표현해 보라.

2) 하나님이 가인의 제사를 받지 않으신 이유는 무엇인가?

우리는 가인이 하나님을 대하는 태도와 하나님이 하시는 말씀을 통해 그가 어떠한 사람인
지, 그의 평소 생활이 어떠한지 알 수 있다. 여기서 우리는 우리의 예배가 예배를 드리는
그 순간만이 아닌 평소의 삶과 이어짐을 알 수 있다.

가) 요한복음 4장 19-26절을 읽고 다음을 이야기해 보라.

6 예수님은 여인의 잘못된 생각을 고쳐 주신다. 여인이 잘못 생각하고 있던 것은 무엇인가?(20-22절)

우리는 예배드리는 장소를 예배당이라고만 생각한다. 하지만 예수님은 예배당이 아니라 우리가 예배해야 하는 때가 있으니 그때가 바로 지금이라고 말씀하신다(23절). 우리는 언제 어디서든 예배드려야 한다.

7 가인과 아벨의 제사를 통하여 예수님이 이야기하시는 것이 무엇인지 말해 보라.

1) 참으로 예배하는 자

2) 영과 진리로 드리는 예배

8 아벨의 제사처럼 우리의 예배는 믿음의 예배가 되어야 한다. 그렇다면
우리 믿음의 주체는 누구인가?(25-26절)

9 참으로 예배하는 자로서 우리는 일상생활 속에서 어떠한 예배를 드려야
하는가?

1) 가정에서

2) 학교에서

3) 교회에서

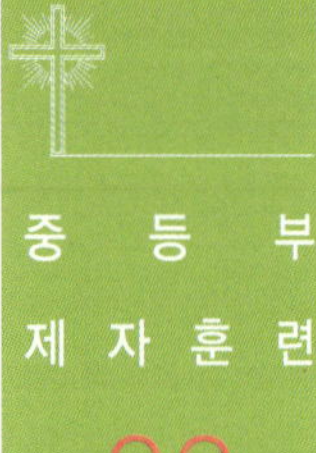

믿음의 친구와의 교제
(성도간의 교제) · · ·

　"십자가 아래서 땅에 있는 모든 사람은 평등하다"고 말한 사람이 있다. 이 말이 맞다면 모든 그리스도인들에게는 하나님의 가족으로서 친밀한 구성원이 될 특권이 있다. 우리는 다른 사람들에게 배우고 서로 용기를 북돋아야 한다.

　그리스도인들이 함께 모여서 서로 세워 줄 때 참다운 성도의 교제가 이루어진다. 그리스도인들 사이에서 왕따는 있을 수 없다. 하나님은 모든 그리스도인들이 믿음의 가족으로서 지역 교회의 활발한 구성원이 되기를 원하신다.

"새 계명을 너희에게 주노니
서로 사랑하라 내가 너희를
사랑한 것같이
너희도 서로 사랑하라"(요 13:34).

1. 그리스도의 몸

1 그리스도의 몸이란 무엇을 말하는가?

2 몸의 머리는 누구인가?

3 각 지체는 누구인가?

그리스도의 몸은 예수님을 믿음으로써 하나님과 다시 화목한 그리스도인들의
공동체, 즉 교회를 말한다. 그것은 생명적 유기체요, 한 가족과도 같다.

2. 대원칙-하나 됨

1 에베소서 4장 1-17절을 읽어보라. 이미 '하나' 인 것은 무엇인가?

2 그리스도의 몸은 몇 개인가?

3 이미 하나인가? 아니면 하나가 될 것인가?

우리는 이미 그리스도의 십자가 죽으심과 성령의 은혜로 모든 그리스도인들과 한 생명을 나누었다. 내가 싫어하는 지체가 있어도 이미 그와 나는 하나인 것이다. 문제는 우리가 이미 하나인 것을 그렇지 않은 것처럼 생각하며 산다는 것이다.

4 그렇다면 이제 우리의 할 일은 무엇인가?

3. 다양성의 이해

비록 그리스도인들이 그리스도 안에서 하나가 되었지만 여러 면에서 서로 다른 점이 많다. 서로 상대방의 다른 점을 이해할 때 그리스도의 하나 된 몸을 이룰 수 있다.

1) (　　　　　　　　　　)가 다르다(고전 12:8-11; 롬 12:4-8).

이렇게 서로 다른 은사를 주신 목적은 무엇인가?(엡 4:12)

2) (　　　　　　　　　　)의 정도가 다르다 (롬 14:1, 3)

성숙한 크리스천 십대라면 그리스도 안에서 믿음이 강하지 못한 친구의 반응에 민감해야 할 것이다. 그런 친구가 실족하거나 죄에 빠지지 않도록 행동을 조심해야 한다.

★ 나의 무분별한 행동으로 믿음이 약한 친구에게 해가 되거나 실족하게 했던 적은 없는가? 내가 자제해야 할 행동은 어떤 것이 있을까?

3) 인간적인 (   )이 다르다.

그리스도의 몸인 교회 안에 편견과 차별이 있다면 그것은 하나님의 법을 어기는 것이고, 교회의 기능을 파괴하는 것이다. 우리는 모두 하나다. 부유한 사람이나 가난한 사람이나, 젊은 사람이나, 늙은 사람이나, 남자나 여자나, 공부를 잘하거나 못하거나 모두 그리스도 안에서 하나이며 차별이란 있을 수 없다. 만일 외모로 사람을 취하면 그리스도의 몸의 일치와 조화와 하나 됨을 파괴하는 것이다.

★ 혹, 당신은 친구를 외모로 판단하지는 않는가?

4. 그러므로 서로 사랑해야 한다.

1) 새 계명

요한복음 13장 34절

2) 참 사랑은 말보다는 무엇으로 나타나야 하는가? (요일 3:18)

3) 초대교회는 이 사랑을 어떻게 표현했는가?(행 4:32)

5. 교제의 결과

그리스도인들의 교제가 짙고 깊어지면 다음과 같은 결과가 나타난다.

*이러한 교제의 결과를 얻기 위해 내가 노력해야 할 부분은 어떤 것이 있는가?

　　그리스도인이 독자적으로 신앙생활을 할 때 그 성장은 매우 느리다. 왜냐하면 정상적인 친교 속에서만 참다운 신앙의 발전이 있기 때문이다. 먼저 매일 아침 말씀을 읽고 기도하는 하나님과의 교제가 선행되어야 한다. 또한 매 주일 하나님께 예배하는 교제가 있어야 한다. 그 다음에 교회(분반 모임, 사역 팀 등)에서 그리고 자신의 생활 터전에서(가정, 학교 등) 믿는 친구들과의 교제를 찾아야 한다. 그렇게 할 때 우리는 하나님 앞에서 올바르게 성장할 것이다.

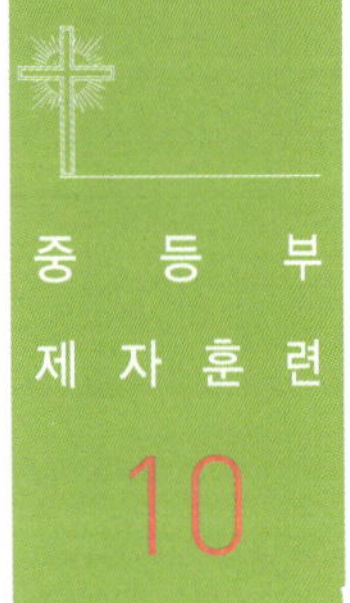

하나님의 비전을 품으라 …

우리가 하나님께 영광 돌린다는 것은 우리의 삶을 통해 무엇인가 하나님을 위해 하는 일일 것이다. 하지만 그것을 하기 전에 우리는 하나님이 우리에게 원하시는 것을 먼저 찾아야 한다. 하나님은 하나님의 거룩한 일들을 이루시기 위해서 우리를 창조하셨다. 우리들은 이렇게 하나님이 주신 계획과 목적들을 이루기 전에는 여전히 가슴 한가운데 커다란 구멍이 난 것처럼 허무함과 공허감에 사로잡혀 있을 수밖에 없다.

우리는 분명 에베소서에서 말하고 있는 것처럼 예수님 안에서 선한 일을 위하여 지음 받은 위대한 하나님의 피조물이며 하나님의 자녀라는 사실을 잊어서는 안 된다. 그렇기에 하나님의 뜻을 이루기 위한 우리의 도전과 수고는 계속되어야 한다.

 암송구절

"우리는 그의 만드신 바라 그리스
도 예수 안에서 선한 일을 위하여
지으심을 받은 자니 이 일은 하나님
이 전에 예비하사 우리로 그 가운데
서 행하게 하려 하심이니라"

(엡 2:10).

1 누구에게도 자신 있게 말 할 수 있는 꿈이 있는가?

2 그 꿈을 꾸게 된 동기는 무엇인가? 그리고 그 목적은 무엇인가?

민수기 14장 1-25절을 읽고 이야기 나누어 보라.

3 하나님이 이스라엘 백성을 출애굽하게 하신 뜻은 무엇인가? 그리고 여호수아와 갈렙의 비전은 무엇인가?(7-8절)

1) 이스라엘 백성에 대한 하나님의 뜻

2) 여호수아와 갈렙의 비전

4 이스라엘 백성에 대한 하나님의 뜻과 여호수아와 갈렙의 비전을 통해 우리가 알 수 있는 것은 무엇인가?

이스라엘 백성을 향한 하나님의 뜻은 이스라엘 백성들로 하여금 애굽에서 나와 하나님이 정하신 가나안 땅에 들어가 행복한 삶을 사는 것이었다. 여호수아와 갈렙이 품은 비전은 하나님의 뜻 안에서 이루어졌다. 그 비전은 하나님이 여호수아와 갈렙에게 심어 주신 것이다.

5 이스라엘 백성 앞에 큰 장애물이 생겼다. 그 장애물은 무엇인가? 그리고 내 꿈을 이루는 데 있어서 가장 큰 장애물은 무엇이라고 생각하는가?

1) 이스라엘 백성

2) 나의 꿈

6 하나님은 이스라엘 백성에게 가나안 땅을 취하라고 말씀하셨다. 그런데 그곳에는 거인 같은 아낙 자손이 살고 있었다. 그에 대해 10명의 정탐꾼과 2명의 정탐꾼은 서로 다른 반응을 보였다. 각각 다른 반응을 적어보라.

*10명의 정탐꾼

*2명의 정탐꾼

(여호수아, 갈렙)

7 누가 보아도 두려울 수밖에 없는 아낙 자손을 향해 여호수아와 갈렙은 밥이라고 표현하고 있다. 그렇게 말할 수 있는 이유는 무엇이었는가?

민 14:9

8 하나님은 하나님을 신뢰한 여호수아와 갈렙을 어떻게 하셨는가? 반대로 하나님을 신뢰하지 못하고 장애물 앞에 무너져 버린 사람은 어떻게 하셨는가?(민 14:20-25)

1) 여호수아와 갈렙

2) 그 외 사람들

9 하나님의 비전을 품는 사람과 아무런 비전도 품지 않는 사람, 또는 자신
만의 비전을 품는 사람들과의 큰 차이점을 우리는 지금까지 이야기했다.
표로 정리해 보라.

	여호수아와 갈렙	그 외
비전의 주체	하나님	자신
비전을 이루는 힘	하나님의 도우심	자신의 힘
장애물	하나님을 신뢰함	포기함
결과		

하나님은 우리를 향한 뜻과 계획을 가지고 계신다. 하지만 우리의 길에 때때로 장애물이
다가온다. 어려운 일이 올 때 장애물을 바라보았던 열 명의 정탐꾼과는 달리 장애물이 아
닌 하나님의 크심을 바라보았던 여호수아와 갈렙의 결과는 달랐다. 여호와를 신뢰하고 그
비전을 위해 일했던 여호수아와 갈렙은 하나님이 계획하신 가나안 땅에 들어갔지만 그렇
지 못했던 사람들은 가나안 땅을 밟아보지도 못한 채 광야에서 죽어야만 했다.

우리를 향한 하나님의 뜻과 비전 앞에서 우리는 어려운 일이 다가올 때 장애물이 아닌
하나님을 바라보며 흔들리지 않는 모습을 가져야 한다. 그럴 때 하나님은 우리에게 가장
좋은 것을 주실 것이다.

<u>**10**</u> 하나님이 나에게 주신 비전은 무엇이라고 생각하는가?

<u>**11**</u> 하나님이 나에게 주신 비전을 이루기 위해 지금 내가 할 수 있는 일은
무엇인가?

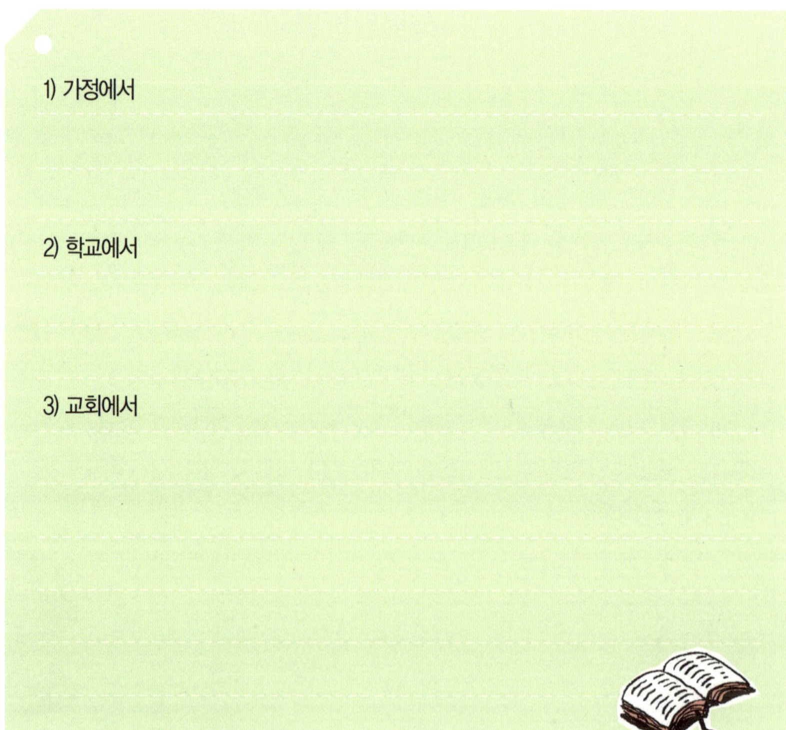

1) 가정에서

2) 학교에서

3) 교회에서